निकलता है सूर्य फिर से...

अखिल कुमार श्रीवास्तव

RIGI PUBLICATION

All rights reserved
No part of this book may be reproduced in any form, by Photostat, Microfilm, xerography, or any other means or incorporated into any information retrieval system, electronic or mechanical, without the written permission of the copyright owner.

Originally Published in India

निकलता है सूर्य फिर से...

अखिल कुमार श्रीवास्तव

ISBN	:	978-93-6388-154-9
©	:	अखिल कुमार श्रीवास्तव
प्रथम संस्करण	:	2024
प्रकाशक	:	रिगी पब्लिकेशन
		777, स्ट्रीटनंबर - 9, कृष्णानगर,
		खन्ना - 141401
		पंजाब, इंडिया
कवर डिजाइन	:	रिगी पब्लिकेशन, खन्ना
मुद्रक	:	रिगी प्रिंटर्स

अनन्त आश्रम गौरव श्री शिवाजी श्रीवास्तव
(23/12/1926 - 09/03/1970) की स्मृति में......

समस्त अनन्त आश्रम परिवार
की ओर से हार्दिक श्रद्धांजलि !!

मेरी कलम से

ये कविता संग्रह याद दिलाता है बीसवीं सदी के पांचवें दशक के भारत के स्वतंत्रता संग्राम की । 1940 के बाद देश के विभिन्न आंदोलनकारी घटकों, क्रांतिकारियों, शासक और धार्मिक संगठनों के शक्ति प्रयोगों के बीच क्रांति की दिशा और दशा, देश की दुर्गति और दर्द के साथ स्वतंत्र भारत के जन्म की । ऐसे समय में कानपुर के एक तरुण विद्यार्थी का कोमल मन और हृदय भावी स्वतंत्रता के लिए प्रेम, देश के नव निर्माण का व्रत, उसके साथ ही विभाजन का दण्ड, अराजकता और धार्मिक हिंसा से विचलित हो उठा। कविताओं की गंगा फूट पड़ी । सब होता रहा, देश स्वतंत्र हुआ, विद्यार्थी अब प्रशासनिक अधिकारी होकर समाज और परिवार के लिए अपनी भावपूर्ण रचनाओं की स्मृति छोड़ गया। आज भारत के नये युग में श्रद्धांजलि स्वरूप प्रस्तुत है मेरे पापा की ये पुस्तक ।

अखिल कुमार श्रीवास्तव
मो. न. 8866097479

अभिवादन

'निकलता है सूर्य फिर से' पुस्तक के इस शीर्षक से ही सिद्ध हो रहा है कि कवि जीवन और समाज के गहन अंधकार में भी यह सोचता है कि 'निकलता है सूर्य फिर से'। काव्य संग्रह की विषय वस्तु और इसके प्रसंग वर्तमान में काफी रुचिकर हैं क्योंकि ये तत्कालीन भारत को आज के दर्पण में स्पष्ट देख पाने की दृष्टि प्रदान करते है। मैंने इस काव्य संग्रह मे, विशेषकर इसके राष्ट्रीय पक्ष को पढ़कर पाया कि पिछले शतक मे भारत के स्वाधीनता हेतु आंतरिक और बाहरी संघर्ष, निर्धनता होते हुए संस्कृति की रक्षा और कटु यथार्थ में जीता देश के कवितामय चित्रण को कवि ने स्पष्टतः प्रस्तुत किया है जो अपने आप में पांचवे दशक का साक्षात प्रमाण है।

स्वतंत्रता के उपरांत कवि ने अपने निजी, पारिवारिक और सामाजिक भावनाओं को भी अपने काव्य का एक भाग बना दिया जो दूसरे भाग में वर्णित है।

कानपुर का पांचवें दशक का ये तरुण विद्यार्थी 'शिवाजी', भावी स्वतंत्रता के लिए अधीर ये युवा छात्र आज मुझे अपने विद्यार्थी जीवन में वापस ले जाता है जब मैं और अखिल कानपुर में ही बी. एस.सी मे सहपाठी थे और देश पाकिस्तान- बांग्ला देश युद्ध से गुज़र रहा था। तभी हम दोनों में शैक्षिक से ज्यादा साहित्यिक और आत्मिक घनिष्ठता बनी। उसके बाद नौकरी, भविष्य की चिंता और समय के बहाव ने अपने बीच एक पाँच दशक का अंतराल डाल दिया। सेवा निवृत्ति के बाद हम फिर मिले, फिर से वही प्रवाह।

आज नया युग है, देश सगर्व, समर्थ है पर नई पीढ़ी का देश के अमिट इतिहास से परिचय एक आवश्यक कार्य था, जो ये काव्य संग्रह पूर्ण करने में समर्थ और सफल है।

आज मैं अत्यंत प्रसन्नतापूर्वक अखिल को इस काव्य संग्रह के प्रथम प्रकाशन पर हार्दिक शुभकामनाएँ देता हूँ और सफलता की कामना करता हूँ।

अभिलाष अवस्थी,   @वरिष्ठ उप संपादक, 'धर्मयुग' टाइम्स ऑफ इंडिया, मुंबई   @ कार्यकारी अध्यक्ष, महाराष्ट्र राज्य हिंदी साहित्य अकादमी

कवितावली

1.	भारत के स्वतंत्रता दिवस पर लिखित	9
2.	विभाजित भारत का क्रंदन	11
3.	स्वतंत्र भारत ध्वज वन्दन!	13
4.	आज़ाद हिंद फौज के स्वागत में	16
5.	देश विभाजन और धार्मिक नरसंहार पर ललकार!	18
6.	पाकिस्तान प्रायोजित धार्मिक नरसंहार और अराजकता पर लिखित	20
7.	कलकत्ता कन्वेंशन में सुहरावर्दी की चुनौती पर लिखित	23
8.	कवि ने जब हथियार उठाये.....!	25
9.	प्रार्थना	26
10.	याचना	26
11.	प्रार्थना	27
12.	कर्म का आह्वान!	28
13.	प्रार्थना	31
14.	स्वागत गीत	32
15.	उद्गार	33
16.	जीवन	34

सामाजिक, पारिवारिक एवम् आत्मिक काव्य भाग!

17.	अर्पण	36
18.	वंचना (दाम्पत्य गीत)	37
19.	बहनों के लिए (1943)	37
20.	प्रथम सन्तान संकेत पर	38
21.	अभिनंदन गीत	39
22.	तरुणाई	40
23.	तरुणाई	41
24.	कल रात से बात!	42
25.	अधूरा गीत	43
26.	महाप्रस्थान	45
27.	कोलकाता में ऑफिसर ट्रेनिंग काल में लिखित हास्य!	46
28.	कोलकाता प्रवास मे ही लिखित मुक्तक	48
29.	प्रवासी प्रियजन के नाम सन्देश	50
30.	शायरी	50
31.	रुखसती ए मेहफिल	51
32.	श्रद्धांजलि	52

भारत के स्वतंत्रता दिवस (15/08/1947) पर लिखित

(20/09/1947)

निकलता है सूर्य फिर से, चीर तम की विकल छाती।
जयति सत्यम् नानृतम की, ध्वजा फिर से लहलहाती॥
युग युगों की तपस्या से, हुए सक्रिय जगत्प्राणी।
'यदा यदा हि धर्मस्य' की, सत्य होती दिव्य वाणी॥

    तोड़ ही दीं केसरी ने, कड़कड़ा कर श्रृंखलाएं।
    जान्हवी को रोकतीं, कबतक भला शिव की जटायें॥
    बांधती गजराज को, क्या मृणालों की मृदुल कारा।
    गिरि गुहा मे प्रबल निर्झर की रुकी कब तीव्र धारा॥

ठोकरों को दे चुनौती, यह शकट फिर चल पड़ा है।
सत्य पावन से अपावन, प्रवंचन कब तक अड़ा है॥
चल पड़े आश्वस्त नव, विश्वस्त नव निर्माण करने।
सुप्त शांत स्वराष्ट्र मे, हम पुनः नूतन प्राण भरने॥

    हुआ यज्ञारंभ आये, जिसे हो आहुति चढ़ाना।
    कंपहीन अखंड लौ की, ज्योति हो जिसको बढ़ाना॥
    मांगता है यहाँ होता, समिधि शुभ जीवन धरण की।
    परखना हो जिसे परखे, सत्यता जीवन मरण की॥

राष्ट्र मंदिर- भक्ति सेवा हित समर्पित कार्य हो।
पर न बन कर पुष्प माला, प्रात सायम् धार्य हो॥
जो न बन कर कलश स्वर्णिम, द्वार पर शोभा बढ़ाये।
वरन पत्थर नींव का, अज्ञात बन जीवन बिताये॥

    छोड़ कर यश लालसा, तज महल के सपने सुहाने।
    राष्ट्र हित जीवन मरण को, कर वरण संकल्प ठाने॥
    'कर्म तक अधिकार मेरा', यह जिसे स्वीकार हो।
    कर्म जीवन, कर्म जिसके मृत्यु का आधार हो॥

वेदना से तड़पता, जिसका हृदय दिन रात हो।
चैन की जो ले न पाता, श्वास रात्रि प्रभात हो॥
देह तिल तिल जला करना भस्म जिसका इष्ट हो।
माँ भारती की अर्चना का, वही पुष्प विशिष्ट हो॥

    चल पड़े हम हृदय में, विश्वास की नव ज्योति पाले।
    एक कर में 'सत्य दीपक', अपर में कफनी सम्हाले॥
    अब सजल लोचनों को, पुनः हम ज्योतित करेंगे।
    कोटि ठंडी छातियों में, महानल भर कर रहेंगे॥

****

मृणाल- कमल का फूल
प्रवंचन - छद्म विश्वास

विभाजित भारत का क्रंदन

23/10/1948

खग तुम उड़ जाना उस देश!
जहाँ नील सागर रोता है कूट कूट कर छाती।
जहाँ सिंधु से सिर टकरा कर लहरें हैं पछताती॥
जिनके हमने चरण पखारे, कहाँ राम अवधेश?
खग तुम........॥

    गोदावरि के सूने पट अब करते नीरव रोदन।
    कृष्णा कावेरी क्या कहती, सुनो मूक उदबोधन॥
    क्या कहता इतिहास अधूरा, क्या कहते अवशेष!
    खग तुम......॥

वीर शिवा की असि पूछेगी, गोरिल्ला से बांके।
यहीं घूरती तुम्हें मिलेंगी, शंभा जी की आँखें॥
भूल न जाना शपथ भीम की, द्रोपदियोँ के केश।
खग तुम........॥

    काशी और अयोध्या मथुरा, के करुणामय गान।
    कालिंदी, सरयू औ' गंगा, विद्यमान निष्प्राण॥
    उन्हें देख कर रुक न सकेगा, आँखों का आवेश।
    खग तुम........॥

शौर्य क्षेत्र बंदा का, करता होगा हाहाकार।
जीवित पुत्रों की समाधि, कर बैठेगी चीत्कार॥
हे अक्षय चिर युवा निपूता, का मंचन अब शेष।
खग तुम.......!

    हल्दी घाटी के कण कण में, सोयी उग्र जवानी।
    देख अमर बलिदान आँख में, मत भर लाना पानी॥
    शोणित तर्पित वीर भूमि दे भूरि भूरि संदेश।
    खग तुम......॥

काल चक्र कब रुका, देश स्वाधीन न क्यूँ फिर होता।
भगन विभाजित भू लेकर भारत, जनतंत्र संजोता॥
राम- रहीम विमुख प्रतिमुख, क्या स्वदेश क्या शेष?
खग तुम.....॥

    सुजला सुफला शस्य श्यामला, अपनी धरती एक।
    विस्तृत अखण्ड देवभूमि, पल भर में हुई अनेक॥
    अपने ही आँगन उपवन में, दुर्लभ हुआ प्रवेश।
    खग तुम.......!

सह दुख के आघात वक्ष पर, वह अब भी है मानी।
उसके चरणों को धोता है, महासिंधु का पानी॥
सबसे ऊँचा मुकुट शीश पर, भूषित सज्जित वेष।
खग तुम उड़ जाना उस देश!

****

स्वतंत्र भारत ध्वज वन्दन!

10/1947

एक हमारा ऊँचा ध्वज है, एक हमारा देश।
जय भगवा जय सुवर्ण गैरिक, जय जय ध्वज राजेश॥

    इसके कम्पन मे परिलक्षित, कालि नृत्य का लास।
    इसकी दीप्त विभा मे अंकित, यज्ञ अनल का भास॥
    इस ध्वजाग्र में शूल शंभु का, और हृदय का ज्वाल।
    और सामयिक अरि शलभों का जीवित काल कराल॥

इसके दर्शन से जल जाते, तत्क्षण ही सब द्वेष!, जय भगवा......!

    इसमें राम, राम वन जीवन और राम का राज्य।
    इसमें उनका सेतु बंध है, स्वयं प्राप्त वैराग्य॥
    वह असीम सँयम वह तप व्रत, झुका असुर साम्राज्य।
    वह असमान त्याग, थी सत्ता, चरण धूलि सी त्याज्य॥

रव कर नीरव कथा कह रहा, वह नीला सलिलेश! जय भगवा......!

    आदि प्रेरणा विष्णु गुप्त की, इसमें उनका ध्येय।
    इसमें स्थित मौर्य शक्ति का, मूलाधार अमेय॥
    बन्दा का उत्साह, शिवाजी का तन, मन, धन दान।
    छत्रसाल की खंग शक्ति, माँ रानी का बलिदान॥
    ये दीप शिखा जिस से ज्योतित था, नाना का हृद्देश!
    जय भगवा जय सुवर्ण.......!!

हे कर्तव्य चक्रधारी के, योगेश्वर के गीत।
तूने दिया पार्थ को जीवन, गीता का संगीत॥
धर्मराज के सत्य, भीम के भीषण गदा प्रहार।
वेदों के सारांश, महाभारत के उप-संहार॥

कर्मयोग के महामंत्र के, मूर्त मुखर आदेश!
जय भगवा जय सुवर्ण........!

हे प्रताप के दिव्य धरोहर, हे जौहर की आग।
राजपूत ललनाओं के हे रक्तिम अमर सुहाग॥
हे अशोक के शक्ति पुंज, पश्चात् ताप वैराग।
रत्नाकर के आत्मबोध, फिर बाल्मीकि अनुराग॥

काल पराजित पुनरज्जीवित् संस्कृति के संदेश!
जय भगवा......!

कितने भूपों का लोटा, चरणों में विभव विलास।
कितने मुनियों का विकसा, तव छाया में सन्यास॥
कितनी विजयों का प्रतीक, तेरा उदार उल्लास!
वह विजितों का क्षमादान, औ' क्षमादान की प्यास॥

सच ही कहते हैं अपने, साहित्य कला परिवेश!
जय भगवा......!

नग्न राष्ट्र के भव्य वसन, हे क्षुधित नयन की प्यास।
मूर्त हिंदु का गौरव उसके, हे सजीव विश्वास॥
राष्ट्र कथा के शैशव यौवन, के विस्तृत इतिहास।
तुझमें अंकित उसका रोदन, तुझमें अंकित हास॥

इसमें उसका आदि छिपा है, इसमें उसका शेष!
'जय भगवा जय सुवर्ण गैरिक, जय जय ध्वज राजेश!'

****

आज़ाद हिंद फौज के स्वागत में

अगस्त, 1943

किया हिमालय ने गौरव से, मस्तक एक बार फिर ऊपर।
गया प्रभंजन कर आ दक्षिण, उत्तर नर्तन भारत भू पर॥
रक्त वर्ण हो गयी आज फिर, सूर्यदेव की कनक किरण।
हो रहे विसर्जित आज पुनः, अरि दल के कुक्कुर शूकर॥

    तरल तरंगिणी गंगा भी, कर जोड़ सप्रेम सओज चली।
    अब शती सुप्त मानवता करने, मानवता की खोज चली॥
    सुन पड़ा पुनः चिर शांत अरे, अब जन सागर का महाघोष।
    जब साठ हज़ार सपूतों संग, आज़ाद हिंद की फ़ौज चली॥

बहनों ने भाई को छोड़ा, भाई बहनों को छोड़ चले।
अपनी अपनी माताओं की, बच्चे तज तज कर गोद चले॥
इन भुनगों के समान पैदा हो, हो कर मरने वालों को।
लो देखो कर में शर लेकर, कैसे चालीस करोड़ चले॥

    जय हिन्द नाद के घन रव मे, भैरव का भीषण हास चला।
    जन मुख द्युति मे होकर विभक्त, है मार्तण्ड का भास चला॥
    सदियों से शांत शिथिल पत्तों मे, हुआ आज नव स्पंदन।
    सन् सत्तावन का साक्षी ले, मानो सारा इतिहास चला॥

हो सावधान री मातृ धरा, कर लो कठोर तो वक्ष ज़रा।
किंचित कम्पित भी हो न जाय, पा कर जेता पद भार भरा॥
हो अचल चलित अब एक ओर, आ स्वतंत्रता की प्रथम किरण॥
मत करो वायु तुम व्यर्थ रोध, दे विजय तिलक तू स्वयंबरा।

    अन्याय यातनामय अतीत, का देश नयी करवट होगा।
    कालांतर में एकलव्य का, सिद्ध आज जीवट होगा॥
    साम दाम औ' दण्ड भेद, को भेदेगी आज़ाद हिंद।
    सदियों जन्मों का शेष गणित, ऋण धन सब शून्य निपट होगा॥

पश्चिम के सूरज सावधान, शासन का कृष्ण पक्ष आया।
नव रवि प्रभात नव पूनम ले, नव भारत अब प्रत्यक्ष आया॥
पराधीनता दुर्बलता विघटन, का अंधकार भागा।
जब सशस्त्र सैनिक ले कर, सुभाष तेरे समक्ष आया॥

****

प्रभंजन - आंधी तूफान

देश विभाजन और धार्मिक नरसंहार पर ललकार!

दिसम्बर 1947

हे तिलक वीर! रे वीर ठहर!!
कैसी त्राहि त्राहि ये तेरी, आफत क्यूँ तूफान बवंडर!
'हे कर्मवीर, रे वीर ठहर!'

    तूने जग हित पर्वत साधा, लक्ष्मण के प्राण बचाने को ॥
    तू नीलकंठ बन कर आया, विष पीकर पाप मिटाने को।
    तूने मल्हार राग गा कर, आकाश वेध वृष्टि कर दी।
    तूने अपनी पद थिरकन से, कम्पायमान सृष्टि कर दी ॥

क्यों आज वही तू भाग रहा, भेड़ बकरियों सा डर कर!
तू वीर पुरुष, रे वीर ठहर!!

    तूने बस तीन पदों से ही, कर डाला जगती पारिमापन।
    तूने सागर भी सोख लिया, बस करने को अपमान सहन।
    लोकार्थ अकेले हो कर भी, सागर पर सेतुबंध बाँधे।
    तूने केवल जग रक्षा हित, कनिष्ठिका पर पहाड़ साधे ॥

रे आज वही निज रक्षा हित, भटक रहा है तू दर दर!
रे वीर पुरुष, रे वीर ठहर!!

तूने पर रक्षा के निमित्त, छाती दी वज्र बनाने को।
अपना ही पेट दबा कर भी, रोटी दी पर के खाने को॥
एक बार इतिहास पलट, देखे तू पंक्ति पहली।
शरणागत रक्षा हित अर्जुन ने, जब ईश्वर से भी टक्कर ली॥

धिक्कार उन्हीं का वंशज जो शरणार्थी बन खाये ठोकर!
हे वीर पुरुष! रे वीर ठहर!!

तूने वस्त्राविष्कार किया, संस्कृति का वसन विधान किया।
तूने ही अन्न उगा कर इस, जगती को भोजन दान दिया॥
तू वही, शीत से नहीं, शीत के भय से थर थर काँप रहा।
तू वही आज क्षुत्क्षाम उदर, अपने कृष कर से माप रहा॥

तू भूखा क्यों? तूने निगला है, भूख मिटाने को दिनकर!
हे हिंद पुरुष! रे वीर ठहर!!

तेरा पौरुष प्रताप देख, जिनके घमण्ड मिट जाते थे।
केवल असि धार परखने को, जिनके शिर भुज कट जाते थे॥
हो जाते जिनके गर्व चूर, तेरे भीषण प्रहार खा कर।
औ' सर्वनाश कर के छोड़ा, तूने निज पद रज चटवा कर॥

आश्चर्य उन्हीं से डर कर तू दिन रात फिरे दीन बन कर!
हे धर्मवीर, रे वीर ठहर!!

****

पाकिस्तान प्रायोजित धार्मिक नरसंहार और अराजकता पर लिखित

सितम्बर 1947

दे दे पुनः खड्ग को पानी, शेर दिखा दे फिर मर्दानी!

  देख देख तू ज़रा ध्यान से, निष्कासन धर्म परिवर्तन,
  फटी जली रामायण गीता, वेद पुराण खुला अपहरण।
  और देख ले जले खेत ये, गिरे हुए घर, टूटे मंदिर,
  और खोल कर आँख देख ले, ये निर्मम हत्यायें फिर फिर।

और देख ले आज देख ले, जो न युगों से देखा तूने,
सुन ले कान खोल कर सुन ले, जो न अभी तक सुना है तूने।
देख देख ले आठ लाख, नर नारी का संयुक्त पलायन,
सुन ले सुन ले अबला रोदन, दुःशासन का निर्मम गायन।

  फिर सुन निज का आर्त नाद, फिर देख रक्त की मन्द रवानी!
  अरे चेत रे अब तो मानी!! शेर दिखा दे ....!!!

देख बुझी सी रोयी आँखें, मानवता जिस द्वार खड़ी थी।
देख फ़टी छातियों को तू जिसमें ममता भरी पड़ी थी॥
देख खुले पड़े वक्ष, तूने जिसका पय पान किया।
देख पड़े हैं कटे हाथ, जिस से तूने सम्मान दिया॥

अरे देख ले इन निरीह, बच्चों का दारुण कातर रोदन।
अरे देख ले सरे आम ये, अपनी शर्म हया का शोधन॥
देख देख ले मत शर्मा तू, अपनी निर्वसना माताएँ।
देख देख ले मींच न आँखे, ये जिन्दा जलती ललनायें

और देख ले एक बार फिर, अपनी भी तो शांत जवानी।
और देख ले ये शैतानी॥
दे दे पुनः......!!!

अरे वीर कायरता कैसी, नोच रहे शव कुक्कुर शूकर।
पर न जागता तू सो रहा, कर प्रहार सँयम के ऊपर॥
जो मुर्दे को सूँघ छोड़ दे, दिन भर धैर्य धरे जल पीकर।
ऐसे भी मलभक्षी कुत्ते, चाट रहे आश्चर्य वीर वर॥

ऐ नृसिंह के वंशज क्या तू, भूल गया है वो उदाहरण॥
जब मानव ने मानव दानव, बन दानव का किया संहरण।
जब मानवता दानवता से, इसी तरह थी थक कर हारी॥
तब मानव ने दानव बन दी, दानवता को हार करारी।

बहुत दिनों तक तू था शंकर, अब प्रलयंकर हो जा मानी!
शेर दिखा दे फिर मर्दानी!!
दे दे पुनः......!!!

विवश खड़े क्यों धर्म राज औ', कहाँ कृष्ण का पाञ्चजन्य है।
अर्जुन सा सुत देने वाले, पांडु मौन हैं, पुत्र वन्य है॥
याद नहीं क्या भीम रोष जो, वक्ष भेद खून पी डाले।
याद नहीं वो विक्रम जिसने, बहा दिये रक्त के नाले॥

    याद नहीं क्या बन्दा गुरु की, तुझको वह स्तंभ भुजाएँ।
    वीर शिवा की तेइस सेरी, असि की तुझको शौर्य कथाएँ॥
    आर्यवीर सब देख देख कर, फिर भी यदि न चेतता तू है।
    तो मर जा चुल्लू भर पानी, मे तुझ पर लानत है थू है॥

तुझे शपथ बढ़ जा न लौटना, अगर नसों में रक्त न पानी!
शेर दिखा दे फिर मर्दानी!!
दे दे पुनः खड्ग को पानी!!!

****

कलकत्ता कन्वेंशन में सुहरावर्दी की चुनौती पर लिखित

नवम्बर 1947

देख चुके हैं सब कुछ तुम क्या, हमको आज दिखाने आये!

देख चुके हैं तुमसे पहले, विजय पिपासु अलक्षेन्द्र को।
वापस भेजा एक वार मे, ही उस पुरु को, पौरुषेन्द्र को॥
उसके भी उपरांत एक, सेल्यूकस ने कुछ हिम्मत की थी।
देकर भागा सुता स्वयं ही, उस पर भी कुछ ऐसी बीती॥

ऐसा भूला मार्ग इधर का, सपने में भी याद न आये।
देख चुके हैं सब कुछ....!

मंदिर, दुर्ग ध्वस्त करने को, जिसने गिद्ध दृष्टि साधी।
सह न सका वह भी पल भर, इस विक्रम की भीषण आँधी॥
केवल यों ही देख लिए हैं, बड़े तुम्हारे शेर, शिवा ने।
वे चंगेज़, तैमूर तुम्हारे, तीस मार खाँ और फलाने॥

जिनकी पामरता बर्बरता, गाने से तुम नहीं अघाये॥
देख चुके हैं....!

देखो ये हल्दीघाटी की, शूर वीर सैनिक माला।
देखा है भू पर औ' नभ में, राणा का उड़ता भाला॥
देख चुके हैं हम सलीम के, गज पर चेतक का प्रहार वह।
अकबर की भी प्राण याचना, देख चुका मीना बाज़ार यह॥

देखा पृथ्वी ने गोरी से, सत्रह बार पैर धुलवाये।
देख चुके हैं सब कुछ.......!

        तुमने भी तो देखी होगी, वीर शिवा की काल भवानी।
        जिसे देख भागा औरँग भी, पीने अन्तः पुर का पानी॥
        याद न हो बन्दा की तो, पूछो खाला से जाकर।
        बचपन में जिसको सुनकर, घुस जाते गोदी में आकर॥

बहुत हो गया अब देरी क्यों, तुम्हें समझना भी रह जाये।
देख चुके हैं सब कुछ तुम क्या, हमको आज दिखाने आये!!

****

कवि ने जब हथियार उठाये......!

सितम्बर 1942

हुआ युद्ध घनघोर भयंकर, गूँज उठा वन देश सकल।
लगा काँपने किंचित गति से, आर्य मही का प्रस्तर तल॥
घायल हो कर गिरा अन्त में, शस्त्र लिये कवि वीर व्रती।
माँ की भावी दशा ध्यान जल, धारा आँखों से गिरती॥

    हुयी पराजय आर्य देश की, नहीं विजय श्री वर पायी।
    हर्षित हुए शत्रु सारे, दल मे खुशियाली छायी॥
    बन्दी बना लिया कवि को पर, प्राण तदपि भी थे स्वच्छन्द।
    था शरीर केवल बन्दी ये, भूल रहे थे वे अरि वृन्द॥

पराधीन हो वाद्य यंत्र ने, कभी न गाये वन्दन स्वर।
देश धर्म हित नष्ट प्राय कर, कवि ने व्यर्थ किया सत्वर॥
और कहा फिर भंग स्वरों में, गूँज उठा उसका वह घोष।
यदि मैं जीवित होता उस दिन, मुझको भी आता अति रोष॥

    "नहीं श्रृंखला बद्ध मुझे कर, सकता है कोई अपवित्र।
    मेरी आत्मा सदा रही है, और रहेगी परम पवित्र॥
    मेरे गाने स्वतंत्रता के, स्वतंत्रता में गाने योग्य।
    शूर वीर के गीत हमारे, नहीं कायरों के ये भोग्य॥

        ****

प्रार्थना

ओक्टूबर 1942

हे राम लो अवतार मेरे,
देश में सुख शांति हो।
स्वस्थ सर्व संपन्न हों मन,
से मिटी सब भ्रांति हो॥

    देश के उत्थान कार्यों,
    में सदा हम रत रहें।
    और बलि प्रस्तुत सदा,
    मस्तक हमारे नत रहें॥

****

याचना

दिसम्बर 1942

प्रभो! हो दया दृष्टि का दान।
सेवा और धर्म से पूरित, हम होवें बलवान॥
स्वतंत्रता संयुत होवें बस, ये वर दो भगवान।
मातृभूमि के हित में रत हम, हों सहर्ष बलिदान॥

    देश धर्म पर होवे श्रृद्धा, हो अति शीघ्रोत्थान।
    अखिल विश्व में भारत दमके, उन्नत और महान!
    प्रभो हो दया दृष्टि का दान!!

****

प्रार्थना

हे ईश तुम्हें शत शत प्रणाम!

    तुम प्रभो हमारे एक नाथ,
    जुड़ते समक्ष हैं स्वयं हाथ।
    है अनायास ही दीप्त माथ,
    शोभित कर दो अब हृदय धाम॥

हे ईश तुम्हें .....!

    कर असुर विजय जन गण हितार्थ,
    तुम धर्म युद्ध सारथी-पार्थ।
    संसार चक्र परिचालनार्थ,
    हो तुम्हीं कृष्ण, हो तुम्हीं राम॥

हे ईश तुम्हें.....!!

    भव सागर है यह अति अपार,
    है जगतसिंधु की प्रबल धार।
    होते हैं तरणी पर प्रहार,
    आश्रय केवल तव एक नाम॥

हे ईश तुम्हें शत शत प्रणाम!!

****

कर्म का आह्वान!

18/7/1949

कर्म का आह्वान हो जिसने दिया बिसरा,
व्यर्थ ही जीवन गया, वह जिया भी तो क्या?

    इक कमल जो देवपद की लालसा को त्याग कर,
    एक अलि की राह तकता, निर्जला अनुराग पर।
    कब रुका अलि भी इधर, अवरोध वेध, प्रवेश हित,
    कमल का आतिथ्य लेता, रात भर अनिमेष नित॥

बलि का मनोरथ बस वही, जो पूर्ण कर पाया,
उड़ गया फिर जो भ्रमर, कब लौट कर आया?
चिर प्रतीक्षा की घड़ी में, घुल गया घुट कर,
बन गयी फिर कब्र उसकी, उसी की जड़ पर॥

    धन्य जीवन फूल का, जो मूल पर बिखरा!
    कर्म का आह्वान हो......!!

तिमिर दानव का दलन है, दीप का कर्तव्य,
पाप तिल तिल जला देता, ज्वलन उसका भव्य।
मोह के यदि शलभ उसके, पास आ जाएं,
वहीं से देखा करें, या भस्म हो जाएं॥

आख़िरी दम तक जलाता, प्राण की बाती,
एक चिनगारी रहे, पर जीत मुस्काती ।
सत्य का प्रकाश हो, चतुर्दिक तम दूर हो,
सत्य शाश्वत् स्वयं सिद्ध, असत्य चकनाचूर हो ।

दीप ने जब ले लिया प्रण, सत्य ही निखरा,
कर्म का आह्वान......!

चल पड़ा संकल्प ले जो, शपथ जन उपकार की,
आशीष माँ का, प्रेरणा ले, हार के प्रतिकार की ।
वैभवों को त्याग, जीवन, औ' मरण निःस्वार्थ हो,
ईश की आराधना सम, समर्पण लोकार्थ हो ॥

ध्येय पथ की धूल बिस्तर, गगन को ही ओढ़ कर,
ध्येय का ही स्वप्न जिसको जागृति दे शोर कर ।
तदपि जग में उस पथिक, की हो न हो जयकार,
फूल मालाएँ न डाले, मूढ़ ये संसार ॥

फूल खिलते हैं स्वयं, जिस राह वह गुज़रा,
कर्म का आह्वान ही......!

मोड़ दे जिस ओर गति वह, मार्ग बन जाये,
सर पटक कर युग उसी, पथ पर चला आये ।
बैठ जाये वह जहाँ, पर भी लगा आसन,
सामने आ सर झुका दें, राज सिंहासन ॥

असंभव सी रात्रि में, संभावना दर्शित करे,
नैराश्यपूर्ण समाज में आशाएँ आकर्षित करे।
प्रस्ताव हो, दल हो गठित, सत्कार्य श्री गणेश कर,
आशीष रवि शशि का सतत्, अभियान वो विशेष कर॥

      क्यों न होगा सफल, जो शर मंत्र ले उतरा?
      कर्म का आह्वान ही......!

****

प्रार्थना

ओक्टूबर 1945

वन्दना है तव, हे सर्वेश!,
सकल सृष्टि के केवल सायक, जग व्यापारों के तुम नायक।
सूक्ष्म, महा प्राणान्तरवासी, अक्षय, अजर ब्रह्म पृथमेश ,
वन्दना है.....!

तुम्हीं सिद्धि हो, तुम्हीं सिद्ध हो, हर अणु, कण के तुम निमित्त हो,
निराकार, निर्गुण तव काया, अखिल विश्व हो, हे विश्वेश ॥
वन्दना है.......!

अनिलेश तुम्हीं, अनलेश तुम्हीं,
सलिलेश तुम्हीं, गगनेश तुम्हीं।
अवनत भाल स्वतः ही कर के, करूँ प्रार्थना हे पृथमेश,
वन्दना हे तव, हे सर्वेश!!

****

स्वागत गीत

जून 1948

पुलकित रोम रोम का हम, कैसे गुंजार सुनायें,
हृत्तंत्री के तारों की, कैसे झंकार सुनायें।
मानस के भावों की भाषा, कैसे तुझ तक पहुँचाये?
प्राणों के प्रमोद को प्रिय हम, कैसे तुझको दर्शाएँ॥

  शब्द न स्वर आकंठ और, ब्यथित हृदय सागर है।
  यद्यपि बहा रहे आनंदित, नीर नयन गागर है॥
  इस कुटिया में आप नहीं, मेहमान समान पधारे।
  वरन अकिंचन के घर में, धनवान समान पधारे॥

आप निरक्षर मध्य महा, विद्वान समान पधारे।
शुष्क वनों में आप वसन्त, महान समान पधारे॥
तप्त धरा पर प्रथम मेघ, जलदान समान पधारे।
यही सत्य है भक्तों में, भगवान समान पधारे॥

  स्वागत में सब नक्षत्रों ने, स्वागत दीप जलाये।
  पवन देव भी व्यंजनार्थ, मंद मंद चल आये॥
  देवराज ने शुक्ल मणि जटित, चंद्रापट हैं छाये।
  चंद्र देव ने सोम सुधा कण, स्वागत में बिखराये॥
  आप सिंधु सम नद का, क्या अर्पण स्वीकार करेंगे?
  सुर सेवित हैं आप स्वयम्, हम क्या सत्कार करेंगे!

****

उद्धार

आज पुलकित प्राण मेरे, आज मुखरित गान मेरे!

    आज मेरे स्वप्न सस्मित, आज मेरे भाग्य विस्मित।
    कल्पना के विहग लौटे, नीड़ निज पहचान मेरे॥
    आज पुलकित......!

सुप्त शैशव, रिक्त यौवन, खोजते कुछ भू नगर वन।
मारीचिका से मुक्त होते, नयन पा रघुराम मेरे॥
आज पुलकित.......!

    यामिनी कर आयुत लोचन, छोड़ उन्मीलन निमीलन।
    हाथ ले शीतान्शु दीपक, देखती छविमान मेरे।
    आज पुलकित........!

प्रात कल प्रत्यूष पावन, लालिमा से रंग नवल घन।
प्रेम से लिख जायेगा नव, सुमंगल आख्यान मेरे॥
आज पुलकित........!

    यमुन गंगा का मिलित स्वर, इस मिलन का गीत अक्षर।
    हुआ रवि शशि से अभय ले, निलय का निर्माण मेरे॥
    आज पुलकित प्राण मेरे!
    आज मुखरित गान मेरे!!

****

जीवन

13/09/1950

प्यास का ही नाम जीवन है।
प्रेम की अभिलाष का ही नाम जीवन है।

प्यास चातक को प्रथम, जब स्वाति के घन की लगी,
तभी पहले पहल मन में, ज्योति जीवन की जगी।
प्यास के इस यज्ञ में, आहुति चढ़ी मन प्राण की,
वर्ष भर में गिरे गल कर, स्वाति घन पाषाण भी॥

इस अटल विश्वास का ही नाम जीवन है।

धन्य धन्य चकोर जीवन, निशाकर की चाह पर,
भीग जाती है धरा, जिसकी अकेली आह पर।
मोहता पल भर न तारों, के निपट श्रृंगार से,
मुग्ध होता है वही, बस प्रज्जवलित अंगार से॥

इस तृप्ति के आभास का ही नाम जीवन है॥

शलभ आते पास दीपक, के असीमित प्यार से,
देह तिल तिल कर जलाते, प्यार के आभार से।
किन्तु दीपक मोड़ मुख, इस प्यार के संसार से,
स्नेह को अवहेलता, कर्तव्य के अति भार से॥
इस अनूठे पाश का ही नाम जीवन है।

प्यार का संदेश लाया, भ्रमर दिन गुंजार कर,
फिर कुसुम ने द्वार खोला, याचना स्वीकार कर।
आता रहा अलि आमरण, आसक्ति मे आमोद मे,
कुसुम ने भी साँस अंतिम, ली उसी की गोद में॥

इस मोक्ष के अभ्यास का ही नाम जीवन है,
प्यास का ही नाम जीवन है!

****

सामाजिक, पारिवारिक एवम् आत्मिक काव्य भाग!
अर्पण

जनवरी 1944

पृष्ठ नहीं है मातृमूर्ति, शुभ्र कलुष आच्छादित घन।
स्वच्छ हृदय हो पूत पाणि, निर्मोह खोलना पाठक गण॥
अगला पृष्ठ खोलना पाठक, सोच समझ कर मेरे भ्रात्।
बरस सके पर्याप्त अश्रु क्या, इतने सजल नयन के पात्र॥
क्षत जर्जर तो हो न जाओगे, पाकर ब्यथा वेदना घात।
क्या कारुण्य तुषार सहेगा, तव हृदय कमल का कोमल पात॥

****

यह कंचन का निष्कंचन है, अर्पित है श्री चरणों को।
श्रद्धा भक्ति देख स्वीकृत कर, लें इन वस्त्राभरणों को॥
जन रज पूर्ण पूत देहली भी, प्रभु मंदिर की रहती शून्य।
यदि भूले से कभी देख लें, वे अर्चनोपकरणो को॥

****

वंचना (दाम्पत्य गीत)

हमारे बन्धन की उन्मुक्ति, तुम्हारे बन्धन का उपहार।
आभूषण तुम मेरे नयनों के, झिलमिल जीवन के आधार॥
सूने जीवन के इस पार, मन की वीणा के ये तार।
तुम्हारे कर का पा स्पर्श, उमड़ करेंगे सुर झनकार॥
किसी की साँसों की अभिव्यक्ति, किसी के आश्रय का अधिकार।
तेरी बाहों की सुगंध पर, अपने बन्धन का उपहार॥

****

बहनों के लिए (1943)

भगिनि काश इस रिक्त हृदय का, सुनती तीव्र स्पंदन।
कर उठता संभवतः निष्ठुर, अंतर करुणा क्रंदन॥
दग्ध हुआ उद्दाम भाव से, मेरा कानन नन्दन।
राखी भेजी नहीं शून्य ही, जाती रक्षा बन्धन॥

****

प्रथम सन्तान संकेत पर

अगस्त 1953

पूर्ण विधु सा होगा वह बाल, शरदपूनों सा तेरा प्यार।
छिपाये होगा आँचल डाल, प्रेम पृकृति का वह उपहार॥
नयन तारक सा पलकों बीच, मृदुल कर पल्लव का आधार।
खेलता होगा शिशु अवदात, कमल दल पर जैसे नीहार॥

      जब सो जाये वह सुजात, स्नेह बूँद सम स्थिर पात,।
      न जगने पाये रखना ध्यान, प्रणय प्रमाण सुकोमल गात॥
      दृष्टि भंग कर तुम अनिमेष, सचुम्बन कहना तब चुमकार।
      शतंजीवी भव आयुष्मान्, चिरंजीवी भव हे सुकुमार॥

****

अभिनंदन गीत

यदि मेले में कहीं बाल से, माँ की उँगली छूटे,
रोये तो वह बहुत न क्यों, जब सारी आशा टूटे।
खोकर अपनी लकड़ी वह, जैसे अंधा बेचारा,
दर दर ठोकर खाता रहता, फिरता मारा मारा॥

    छूट गए नेता हमसे हो, मंत्री बन एम.एल.ए.,
    खड़े मसलते हाथ रह गये, हम तो यहाँ अकेले।
    लेकिन जिसको खोया समझा था, हमने वह पाया,
    भीड़ भाड़ से भिन्न मिनिस्टर, वही चतुर्भुज आया॥

पाकर अपने बीच तुम्हें हम, चलते फिरते खाते,
भला न फिर क्यों हम बोलें, मृदुल बोल मदमाते।
तुम आये हो तो आयीं हैं, बड़ी मोटरें कारें,
भला पूर्व भी कभी लगीं थीं, इतनी बड़ी कतारें?

    अपनी टूटी खटिया पर जब, हमने तुम्हें बिठाया,
    लगा कि जैसे आसमान से, चाँद उतर कर आया।
    क्यों न हमारी फूल फूल कर, होवे दुगनी छाती?
    जबकि मिली है बहुत दिनों में, हमको खोयी थाती॥

हम गरीब लाने को तुमको, कार कहाँ से लाते?
थी इतनी सामर्थ्य कहाँ, जो भला बैंड बजवाते।
जैसे थे वैसे हैं तुमको, बात ज्ञात है सारी,
इस से है विश्वास करोगे, त्रुटियाँ माफ हमारी॥

****

तरुणाई

देखते हैं जो दिखाये.... ये लकीर!
कल्पना क्रम है दिशा भ्रम, का अमीर!
योजनाएँ भूल बनने, को अधीर!
बैठ स्थिर, स्वेद या फिर, दे शरीर!
इधर मंदिर, उधर काबा, हे कबीर!
दौड़ दिन भर, क्या मयस्सर?
मैं फ़क़ीर!!

****

तरुणाई

स्वस्थ मन, उन्मुक्त बचपन, अध्ययन में लीन जीवन।
आजकल कुछ कुछ नया सा, दीखता संसार था॥
एक सादगी मुस्कान चंचल, थी मौन सँयम से प्रबल।
एक चेहरा नैन मन पर, रात दिन साकार था॥

    आकर्षणों के बाँट पर, सिद्धांत रखता काट कर।
    प्रथम दिन दिन बढ़ रहा, सब संतुलन बेकार था॥
    असमानता बैराग बंधन, वास्तविकता दूर दर्शन।
    कल्पना स्वच्छन्द थी, बस वहीं तक अधिकार था॥

क्यूँ शांति संगति को चुने, या कामना सहमति सुने।
पराश्रय था विवशता थी, सभी कुछ स्वीकार था॥
लक्ष्य बदला दृष्टि साधी, समय की दीवार बाँधी।
आज फिर से बाँध टूटा, ज्वार फिर भी ज्वार था॥

    ****

कल रात से बात!

खाली समय था खाट से, आकाश दर्शन कर रहा था,
एक कौतुक मेघ से शशि, स्वयं कर्षण कर रहा था।
जैसे घिरा हो कोई नेता, भीड़ से घेराव से,
वैसी घुटन से ऊब चलता, चलता चाँद श्वासाभाव से॥

    पूछ बैठा चंद्र हे, तुम मेघ तल के ही निवासी,
    अटल हो निज धर्म में, सह विपत्तियाँ कितनी निशा सी।
    जिसकी प्रकृति आशीष से, ये जग सुसंस्कृत हो गया,
    उससे घृणा से आज मेरा, मौन विकृत हो गया॥

धूप वर्षा शीत से, कई वर्ष तक जो लड़ गया,
उस चंद्र का फिर आज क्यों, वह धैर्य भी कम पड़ गया।
'आवेश रोको' बोल कर, गंभीर शशि होने लगा,
शीत उज्जवल चाँदनी से, ज्ञान पट धोने लगा॥

    "ये सच है के दूरी घन से, पल पल बढ़ती जाती मेरी,
    लेकिन आधार उन्हें कहना, है भूल मनोरंजक तेरी।
    माना बहुमत तो घन का है, पर बहुमत एक बली कुंजर,
    विध्वंसक है ये बुद्धि बिना, उद्धारक जो है बुद्धि अगर॥

बहुमत तो एक संगठन है, परिमाण है केवल दिशा हीन,
तुम खुद सोचो तुम न्याय करो, अन्वेषण तो बहुमत विहीन।
था मंत्रमुग्ध, नभ को देखा, पहना मन पर नव ज्ञान वस्त्र,
आकाश शून्य था मेघों से, था राज्य चंद्र का एक छत्र॥

****

अधूरा गीत

है शांत, मग्न क्यों सुरसारिता?, जब तट पर ही इतने अवतल!

होता होगा नभ प्रतिविम्बित, हमको क्या हम भूतल वासी।
थे शून्य लिए स्थिर से हम, वह थी मुक्ता, चल, व्यस्ता सी॥
क्या आशा मूक याचना से, मेरा उद्यम भी अर्थहीन।
लेकिन हम उसकी कलकल से, थे शिथिल, मूढ़ कुछ शांतिहीन॥

थे पथिक मात्र संदेश यंत्र, हर मुख उधव, निर्णय सुमंत्र॥
ये मौन है कैसा सुरसरिता?, गहरा होता जाता अवतल!
है शांत, मग्न क्यों सुरसारिता?, जब तट पर ही इतने अवतल!

लेकर सुगंध होकर रंजित, आया पुर से मेरे समीप।
चालक क्रेता जन द्वारा, तेरे ही तट का एक सीप॥
थी उसी परिधि में नदी अखिल, वर्ण गंध सब ओझल था।
प्रत्यक्ष शांति निर्मलता थी, कितना विक्रीत मनोबल था॥

ले ले कर वक्ष राज्य योजन, दे दे कर सीप तुल्य भोजन॥
हो रही समन्दर सुरसरिता, कर रही हृदय मेरा अवतल!
है शांत मग्न क्यों सुरसारिता?, जब तट पर ही इतने अवतल!

कल नीर क्षीर सा सम्मिश्रित, क्यों थिरा हृदय पारद समान।
सागर उमँग उल्लास छोड़, अब जल तरंग का तट प्रयाण॥
कोलाहल मध्य उदित प्रमुदित, को मिला शून्य में समाधान।
पाठन लेखन का व्यसन क्षीण, अब स्वाति बूँद का मद प्रधान॥

दे निद्राएँ कर ग्रहण बंध, था क्षितिज लक्ष्य प्रस्थान अंध।
क्षय व्यापक जैसे सुरसरिता, उपाय निरस्त जैसे अवतल!

    है शांत, मग्न क्यों सुरसारिता?, जब तट पर ही इतने अवतल!

नैराश्यजात रचना प्रसून, अम्बर प्रत्याशी भावताल।
थे सेवोद्यत, पथ भी दुरूह, पर हम अधीर नभचर मराल॥
आवेग चंद्र वय शुक्ल पक्ष, कैसे हों निष्प्रभ प्रणय राग।
यद्यपि है तृप्ति समापन तप, देगा संयम मृदुतर पराग॥

    हो तप्त कामना, समय पवन, हो सतत प्रतीक्षा, समिधा तन,
    होगा कविताशय सुरसरिता, कारा हर शब्द यथा अवतल!

है शांत, मग्न क्यों सुरसरिता, तट पर तेरे ऐसा अवतल?

****

महाप्रस्थान

कहना था कुछ मगर हृदय में, अश्रुसिंधु लहराया।
सुख दुःख सब अव्यक्त रह गये, आज गला भर आया॥
आँख डबाडब हो रह बैठी, कह न सकी मनमानी।
करुणा मन की उमड़ रह गयी, जो न पा सकी वाणी॥

    और मुझे भी आज रह गया, यही खेद है भारी।
    मन की गठरी हुई न अर्पण, मेरी और तुम्हारी॥
    क्या अनुचित क्या उचित सोच, जीवन बीता सम्मुख से।
    कहता मन पढ़ प्रिय आँखों को, आज सम्मिलित दुख से॥

किन्तु साध ये साध रह गयी, बन कर एक हताशा।
आये थे तुम चले गये, अब पढ़ें मूक यह भाषा॥

****

कोलकाता में ऑफिसर ट्रेनिंग काल में लिखित हास्य!
1957

कल मैं झाड़ू लगा रहा था, उसी समय कुछ हवा आ गयी।
मुँह पर मेरे धूल छा गयी, श्रीमती की याद आ गयी॥
पत्नी की तस्वीर आ गयी, साक्षात् तकदीर आ गयी।
जैसे होटल में पूरी सँग, भरा कटोरा खीर आ गयी॥

    देखी झाड़ू पूछा यह क्या ये नौबत भी यहीं आ गयी?
    मैंने कहा खोल दो घूँघट, ये सदी तीसवीं आ गयी,
    तुमको क्या मालूम यहाँ, हम कितना ज़्यादा पिसते हैं।
    मेस में आलू बैंगन खा कर, अपनी थाली खुद घिसते हैं॥

और लोग तो हँसते ही हैं, ये नल भी करते शैतानी।
जब हम थाली धोने चलते, तब मर जाती इनकी नानी॥
एक दिवस बिल्कुल सच मानो, यह तो पूरी जान ले गया।
एक बन्धु बैठे लैट्रिन में, आख़िर में नल दगा दे गया॥

    चले कुदाली पड़े फफोले, और शील जी हँस कर बोले।
    साईन्टिकली इसको कहते, हाइड्रो ऑक्सीज़न के गोले॥
    पूछा कुछ बंगला भी सीखो, हाँ हाँ खुब सकता हूँ बोल।
    बोल दिया मैं फिर 'तड़ातड़ी, गेई आ श्योरे शेइ गंडगोल'॥

सीखा और बहुत कुछ मैंने, ड्राई क्लीनिंग गोबर गैसिंग।
पड़े ज़रूरत तो कर डालूँ, फाइव इयर फेमिली प्लानिंग॥
सुनकर शब्द फेमिली प्लानिंग, बोली बंद करो ये लेक्चर।
मैंने कहा बिगड़ती क्यों हो? हम हैं सोशल एजूकेटर॥

अपना तो अब काम यही है, अफसर सेवक के हम मिक्सचर।
कोई सुने न सुने फिर भी, करते रहेंगे अपनी टर टर॥
अब प्रोस्पेट्स बहुत अच्छे हैं, जल्दी ही वो दिन आयेंगे।
श्रीवास्तव जी कहते हम सब, कृष्ण कन्हैया बन जायेंगे॥

और सभी कुछ सीख चुके हैं, इतना अभी और करना है।
जूता पॉलिश क्लीन शेव कर, थोड़ा सा हिजड़ा बनना है॥
'अच्छा आये हो कलकत्ते, तोहफा तो ले दो कुछ मन का।
चलो को- ऑपरेटिव से ले लें, मक्खन बड़ा 'पोल्सन' का॥

तब तक गिरा और एक पत्ता, आते दिखे तप्पन दत्ता।
लगे रगड़ने फिर हम झाड़ू, श्रीमती जी हुयीं लापता॥
तब फिर से एक हवा आ गयी, गयी उदासी नींद आ गयी!

****

कोलकाता प्रवास मे ही लिखित मुक्तक

1957

धीरे से मुस्काना साथी, ये बंगाली धरती है !

भीतर गीली ही रहती यह, अंदर अक्सर काली है।
थोड़ा सा पानी दे दो तो, तुरत लिपटने वाली है ॥
चार फसल दे चुकने पर ये, फिर भी रहती परती है!
धीरे से मुस्काना साथी.........!

केले लायक धरती है यह, देखो जहाँ तहाँ केला।
नदी नाव सँजोग यहाँ, औ' यहीं डाभ का भी मेला ॥
पर केला चिनिया होता है, डाभ हरी ही रहती है।
धीरे से मुस्काना साथी..........!

दर्शन में अति सुन्दर है यह, छूने में सूखी लकड़ी।
हरी हरी होने से क्या है?, स्वाद बिना होती ककड़ी ॥
बहुत नमक मिर्च लेती है, तब भालो 'छे कहती है!
धीरे से मुस्काना साथी............!

सावधान खेतों से रहना, सावधान सन्नाटों से।
सावधान पोखर तालाबों, गंगाजी के घाटों से ॥
देख सोच कर कदम बढ़ाना, फिसलन भारी रहती है!
धीरे से मुस्काना साथी.........!

सुना बहुत था देख लिया अब, जो अफवाहें कहती हैं।
यहाँ नाग तो थोड़े ही हैं, अधिक नागिनें रहती हैं॥
नागिन जान छोड़ देती है, लेकिन घायल करती है!
धीरे से मुस्काना साथी........!

    थैला छोड़ दिया बेशक़ पर, फिर भी भारी चोट दे गयी।
    यानी लुंगी छोड़ गयी पर, नीचे से लँगोट ले गयी॥
    कितनी कैपेसिटी है इसकी, क्या स्टोरेज करती है!
    धीरे से मुस्काना साथी...........!

पितरों को न दिया चुल्लू भर, यहाँ बाल्टी भर लाते हैं।
यहाँ मित्र हम तर जाते हैं, वहाँ पितृ सब तर जाते हैं॥
जिससे मन जो करवाता है, वो करवाती रहती है!
धीरे से मुस्काना साथी, ये बंगाली धरती है!

****

प्रवासी प्रियजन के नाम सन्देश

जनवरी 1967

हो गया है वर्ष '66 अब रिटायर,
और '67 ने सम्हाला चार्ज,
झर चुके हैं कल्पना के पंख,
अब तक और,

रेंग आई चिंतना की सर्पिणी,
कुछ और आगे,
खैर छोड़ो,
वर्ष हो यह नवल मंगलमय तुम्हें,

पर बताओ ओ प्रवासी!
लिख रहे हो तुम प्रवासी गीत जो,
रह गयीं हैं और कितनी, पंक्तियाँ अब शेष?

****

शायरी

अपनी नाकामी पे अफसोस न कर अय दोस्त,
इम्तहाँ सब्र का है, ये न समझ तेरा है।
ग़म जो आते हैं महज़, इत्तला है खुशियों की,
शब के हर अश्क़ को, इक दामने सवेरा है॥

****

रुखसती ए मेहफिल

जनवरी 1966

तुम चले तो सच कहूँगा, एक ज़माना चल दिया,
रह गये पैमाने खाली, मयेखाना चल दिया।
हम बहकते रह गये, साक़ी अदाओं पे तेरी,
तू तो जैसे होश में, आके दिवाना चल दिया।

    वक़्त यूँ गुज़रा के गोया, किस्सा ए खैय्याम था,
    सुनने वाले रह गये, लेकिन फ़साना चल दिया।
    हो गयी है बज़्मे रिन्दां, देखिये खामोश सी,
    पीने वाले रह गये, पीना पिलाना चल दिया।

रो पड़ा मेरा चमन, बुलबुल मगर मज़बूर है,
क्या करें कैसे करें, जब आबोदाना चल दिया।
याद आयेगा तुझे, जाने को जा ऐ अंदलीब,
छोड़ कर उजड़ा हुआ जो, आशियाना चल दिया।

****

श्रद्धांजलि

नयन साश्रु हैं, हृदय शून्य है,
कण्ठ वाष्प गदगद है आर्य !
विदा-रहेंगे स्मृति पट पर,
अंकित तव कृत शत शत कार्य!!

****

शुभकामनाएं

अपने पिता जी के इस काव्य संग्रह के प्रथम संस्करण के प्रकाशन पर मैं हृदय से अभिभूत हूँ। भारत की धरती पर काव्य के उत्कर्ष का अनुकूल वातावरण प्रारम्भ से ही रहा है । स्वतंत्रता पूर्व जन्मे पिता जी का पालन पोषण घर के देश भक्ति से भरे माहौल में हुआ और उनके कवि हृदय और हिन्दी भाषा के प्रति प्रेम ने उन्हें देश भक्ति से परिपूर्ण काव्य रचना के लिए प्रेरित किया । देश प्रेम के अतिरिक्त अन्य विविध रसों में भी उनकी रचनाएँ हैं जो कि इस संग्रह में उपलब्ध हैं। अपने छोटे से जीवन काल में उनकी रचनाएँ तो सीमित हैं परंतु उनमें वर्णित सन्देश असीमित हैं जो कि नयी पीढ़ी के लिए प्रेरणा का स्रोत होगें। इस काव्य संग्रह के प्रकाशन का सारा श्रेय हमारे अग्रज (अखिल 'दा) को

जाता है जिनके अथक प्रयासों से कई वर्षों से लम्बित यह कार्य पूर्ण हो सका, इसके लिए हम सब उनके हृदय से आभारी हैं।

अनिल श्रीवास्तव (पुत्र, लखनऊ)

****

हमारे पूजनीय बाबा की स्वरचित कविताओं का एक नया रूप हम सबके बीच इस नई किताब के माध्यम से आ रहा है, ये हम सभी के लिए खुशी के साथ साथ भावनात्मक पल भी है। मैं आशा करता हूं की ये कविताएं हम सबके लिए प्रेरणास्रोत होंगी । इन कविताओं को नया जीवन प्रदान करने के लिए मैं अपने प्रिय चाचा श्री अखिल कुमार श्रीवास्तव का जितना भी धन्यवाद करू वो कम होगा ।
सादर प्रणाम,
शिखर श्रीवास्तव (पौत्र, ऑकलैंड)

****

मुझे ये जान के बेहद खुशी है कि हमारे बाबा के कलम से रचित कविताओं का संग्रह जो की दशकों से कहीं छुपा हुआ था, इस किताब के माध्यम से एक नई किरण के रूप में उजागर हुआ है और आप सब के बीच प्रस्तुत है। ये हमारे परिवार के लिए एक गर्व की बात है और इसके लिए हम अपने चाचा श्री अखिल कुमार श्रीवास्तव जी के प्रति हृदय से आभारी हैं ।
शाश्वत नाथ (पौत्र, मेलबोर्न)

****

अपने बाबा को मैंने देखा तो नहीं, पर उनके जीवन और उनकी शैक्षणिक योग्यता से कुछ अनुमान ही लगा सकती हूँ। उनका अंश होते हुए उनका मुझ पर आशीर्वाद वैसे तो आज भी है। लेकिन उनका जो नया परिचय जो इस काव्य संग्रह मे मिला - एक युवा छात्र, जोशीला राष्ट्र प्रेमी और अपनी संस्कृति से शत्रुओं को ललकारता हुआ कवि, इस से उनकी थाह पाना मेरी सामर्थ्य के बाहर है।

इसके राष्ट्रीय खण्ड तत्कालीन भारत और संस्कृति की आज फिर से एक नयी अनुभूति कराते हैं। इसमें वर्णित है कि कैसी स्थितियों से निकल कर देश आज सगर्व, समर्थ और सफल हो कर खड़ा है।

मुझे हर्ष है कि आज 70-80 साल के बाद नयी पीढ़ी के लिए ये फिर प्रकाशित हो रहा है। बाबा को श्रद्धांजलि के साथ इस काव्य संग्रह के प्रथम संस्करण पर मेरी हार्दिक शुभकामनाएं!!
शुभदा श्रीवास्तव अनेजा (पौत्री, गुरुग्राम)

****

www.ingramcontent.com/pod-product-compliance
Lightning Source LLC
LaVergne TN
LVHW020416070526
838199LV00054B/3630
9789363881549